AF349904

CATALOGUE

DE

TABLEAUX ANCIENS

ŒUVRES DE

BACKUYSEN, M. DROLLING, DUPLESSIS,
ELSHEIMER, GRIMOUX, C. JANSSENS, JEAN MOLENAER, P. NEEFS,
W. VAN ROMEYN, DAVID RYCKAERT, J. VERNET,
VESTIER, J. DE WET.

DESSINS, GRAVURES

Provenant de la Collection de M. A. D...

OU APPARTENANT A DIVERS

Et dont la vente aura lieu

HOTEL DROUOT, SALLE N° 11

Le Mardi 24 Avril 1900

à deux heures

COMMISSAIRE-PRISEUR	EXPERTS
Mᵉ PAUL CHEVALLIER	**MM. FÉRAL Père et Fils**
10, rue Grange-Batelière, 10	54, Faubourg-Montmartre, 54

EXPOSITION PUBLIQUE

Le Lundi 23 Avril 1900, de 1 h. 1/2 à 5 h. 1/2

CONDITIONS DE LA VENTE

Elle se fera au comptant.

Les acquéreurs payeront *cinq pour cent* en sus des prix d'adjudication.

L'exposition mettant le public à même de se rendre compte de l'état et de la nature des objets, aucune réclamation ne sera admise une fois l'adjudication prononcée.

Paris. — Imprimerie de l'Art, E. Moreau et Cie, 41, rue de la Victoire

DÉSIGNATION

TABLEAUX

COMPOSANT LA

Collection de M. A. D...

AVERCAMP (Attribué à)

1 — *L'Hiver en Hollande.*

BACKUYSEN (Ludolf)

2 — *Marine avec bateaux à voiles.*

BIGG (?)

3 — *Le Départ du marin.*

BOTH (Genre de Jean)

4 — *Paysage d'Italie: Effet de soleil couchant.*

CUYP (Genre d'Albert)

5 — *Bœuf sous la garde d'un berger.*

CUYP (Genre d'A.)

6 — *Portrait d'Homme coiffé d'un grand chapeau.*

DAEL (Genre de Van)

7 — *Fleurs et Fruits sur une table de pierre.*

DOES (Genre de Van der)

8 — *Troupeau passant un gué.*

EYCK (École des Van)

9 — *Sainte Famille et donataire.*

FYT (Attribué à Joannes)

10 — *Chien et Gibier.*

GIORGIONE (Genre de).

11 — *Un Sénateur.*

HARLOW (C.-H.)

12 — *Portrait de Jeune Femme.*

HEEM (Attribué à David de)

13 — *Fruits divers sur une table couverte d'un tapis de soie grise.*

JANSSENS (Cornélius)

14 — *Portrait de Femme en robe décolletée.*

ISABEY (Genre d'E.)

15 — *Marine.*

KEY (Attribué à Adrien)

16 — *Jeune Femme en buste.*

MOLENAER (Jean)

17 — *Scène galante.*
Signé en toutes lettres

MOLENAER

18 — *Paysans sur un canal glacé près d'un village.*

MOREELSE (Attribué à PAUL)

19 — *Un Jeune Garçon.*

En haut à gauche, un monogramme et la date 1635.

MORONE (Attribué à)

20 — *Philippus Rainoldi.*

NEEFS (PETER)

21 — *Intérieur d'Église, avec nombreux personnages.*

Signé à gauche.

NEER (Attribué à AART VAN DER)

22 — *Clair de Lune.*

NEER (Genre de A. VAN DER)

23 — *Clair de Lune sur une rivière.*

PALAMEDES (D'après)

24 — *Réunion galante.*

PERUGIN (École du)

25 — *Sainte Famille.*

REMBRANDT (D'après)

26 — *Un Vieux Marchand.*

REMBRANDT (Genre de)
27 — *Portrait d'Homme.*

RIBERA (Genre de)
28 — *Sainte Anne.*

RIGAUD (École de H.)
29 — *Portrait d'Homme.*

ROMEYN (W. Van)
30 — *Troupeau au pâturage.*

RUBENS (École de)
31 — *Portrait de Jeune Homme à collerette.*

RUBENS (D'après)
32 — *Andromède.*

RYCKAERT (David)
33 — *L'Arracheur de dents.*

RYCKAERT (David)
34 — *Famille réunie dans un intérieur.*

SCOTT (Attribué à)
35 — *Portrait d'une Dame anglaise.*

SOLARIO (D'après Andrea)
36 — *Le Sauveur du Monde.*
Collection Edouard Solly.

STAVEREN (Attribué à Van)
37 — *Un vieux Philosophe.*

TENIERS (D'après)
38 — *Un Buveur.*

TENIERS (D'après)
39 — *Paysage avec rochers et figures.*

TENIERS (D'après)
40 — *La Halte devant l'auberge.*

TENIERS (D'après)
41 — *Réunion de Paysans.*

TENIERS (D'après)
42 — *Paysans sur une route.*

TENIERS (D'après DAVID)
43 — *Intérieur hollandais.*

TENIERS (D'après DAVID)
44 — *Intérieur de forge.*

TERBURG (Attribué à GÉRARD)
45 — *La Dépêche.*

TERBURG (Attribué à Gérard)
46 — *Portrait d'un Jeune Homme.*
Cuivre.

VAN DYCK (École de)
47 — *Portrait d'Homme en habit noir et collerette de dentelle.*

VAN DYCK (D'après)

48 — *Portrait d'un Prince.*

VELDE (Genre de VAN DE)

49 — *Marine avec bateaux à voiles.*
Grisaille.

VESTIER

50 — *Portrait d'Homme en habit de velours bleu bordé de fourrure.*

VOLTERRE (Attribué à DANIEL DE)

51 — *David vainqueur de Goliath.*

WETT (J. DE)

52 — *L'Oracle.*
Signé à gauche.

WOUWERMAN (D'après PH.)

53 — *La Halte.*

ZUCCHERO (Attribué à)

54 — *Portrait d'Homme à collerette.*

ÉCOLE ANGLAISE

55 — *Portrait de Femme en robe bleue.*

ÉCOLE ANGLAISE

56 — *Portrait de Dame.*

ÉCOLE ANGLAISE

57 — *Portrait présumé de Lord Russel.*

ÉCOLE ANGLAISE

58 — *La Méditation.*

ÉCOLE ESPAGNOLE

59 — *Saint Sébastien.*

ÉCOLE FLAMANDE

60 — *Portrait d'Homme coiffé d'une toque de fourrure.*

ÉCOLE FLAMANDE

61 — *La Vierge et l'Enfant.*

ÉCOLE FLAMANDE

62 — *Portrait d'Homme en armure.*

ÉCOLE FLAMANDE
(DEUX PENDANTS)

63 — *Portraits présumés d'Adrien Sandelin et de sa Femme.*

ÉCOLE FRANÇAISE

64 — *Portrait d'Homme en habit bleu à galons d'or.*

ÉCOLE HOLLANDAISE

65 — *Sujet biblique.*

ÉCOLE HOLLANDAISE

66 — *Fleurs dans un vase.*

ÉCOLE HOLLANDAISE

67 — *Un Mendiant.*

ÉCOLE HOLLANDAISE

68 — *Un couple de buveurs assis dans un paysage.*

ÉCOLE ITALIENNE

69 — *La Vierge et l'Enfant.*

ÉCOLE ITALIENNE

70 — *Homme assis sur un rocher.*

ÉCOLE ITALIENNE

71 — *Un Saint.*

ÉCOLE VÉNITIENNE

72 — *La Religion.*
Figure allégorique.

DESSINS GRAVURES

DOWNMAN (D'après)
(DEUX PENDANTS)

73 — *Jeunes Femmes en buste.*
Dessin rehaussé à l'aquarelle.

RUBENS (D'après)
(DEUX PENDANTS)

74 — *Figures de Femmes.*
Dessins aux crayons de couleurs.

75 — *Le Bouquet bien reçu.*
Gravure d'après Eisen.

TABLEAUX

APPARTENANT A DIVERS

BERGHEM (Genre de N.)

76 — *Le Passage du gué.*

COYPEL (École des)

77 — *La Nature confie l'Enfance à la Science.*

DESPORTES (Genre de F.)

78 — *Lièvre pendu par une patte et fruits renversés.*

DROLLING (Martin)

79 — *Ustensiles de ménage groupés dans une grange.*

DUPLESSIS

80 — *Plage avec personnages et bateaux à voiles.*

ELSHEIMER

81 — *Moïse devant Pharaon.*
Panneau de forme ronde.

GOSSAERT (École de Jean)

82 — *La Vierge assise sur un trône et portant l'Enfant Jésus.*
A droite et à gauche une vue de Ville.

GOYEN (D'après JEAN VAN)

83 — *Vue de Hollande.*

GRASSON (Signé)

84 — *Portrait de Jeune Fille en large coiffure et robe bleue décolletée.*

Pastel. Date 1787.

GRIMOUX (ALEXIS)

85 — *Portrait de Jeune Fille tournée sur la droite.*

GRYEF (Attribué à ANTON)

86 — *Oiseaux de basse-cour gardés par des chiens dans un parc.*

HUET (Genre de JEAN-BAPTISTE)

87 — *Paysage avec cours d'eau, pont, constructions rustiques et figures.*

MACHIAVELLI (Attribué à ZENOBIO)

88 — *La Madeleine en méditation.*

MARIO DI FIORI (Genre de)

89 — *Vierge et Enfant dans une guirlande de fleurs.*

MATSYS (École de QUANTIN)

90 — *Saint Jérôme.*

Intéressante peinture sur bois.

MESSINE (D'après Antonello de)

91 — *Portrait d'Homme en buste.*

MIGNARD (D'après)

92 — *Une Madeleine.*

MONNOYER (Attribué à J.-B.)
(DEUX PENDANTS)

93 — *Fleurs dans des vases posés à terre.*

VERNET (JOSEPH)
(DEUX PENDANTS)

94-95 — *Marines avec bateaux à voiles, figures
et rochers.*

> L'une représentant un effet du matin, l'autre un
> effet de soleil couchant.
>
> Bons et importants tableaux ayant figuré à l'Exposition des trois Vernet. Signés et datés 1756.
> — Toiles : Haut : 1 m. 10 cent.; larg., 1 m.
> 48 cent.

VERNET (D'après JOSEPH)

96 — *Baigneuses dans un site accidenté.*

VERNET (D'après JOSEPH)
(DEUX PENDANTS)

97 — *Marine avec rochers et figures.*

98 — *Pêcheuses au bord de la mer.*

ÉCOLE FLAMANDE

99 — *Paysage accidenté avec figures et cours
d'eau.*

> Cadre en bois sculpté.

ÉCOLE FRANÇAISE

100 — *Siège d'une ville fortifiée au bord de la mer.*

> Intéressante composition animée de nombreuses figures.

ÉCOLE FRANÇAISE

101 — *Portrait de Femme à mi-corps.*

ÉCOLE HOLLANDAISE

102 — *Nature morte, Gibiers et Oiseaux de basse-cour.*

ÉCOLE HOLLANDAISE

103 — *L'Embarquement.*

ÉCOLE ITALIENNE

104 — *Portrait de Femme en toilette d'apparat.*
Toile de forme ovale.

ÉCOLE ITALIENNE

105 — *Paysage avec berger et animaux.*

ÉCOLE VÉNITIENNE

106 — *Esquisse de plafond.*

107 — Vingt-huit tableaux pour la plupart des Écoles Primitives, Flamandes, Italiennes et Hollandaises ; peintures sur fond or.

108 — Seize tableaux, Dessins et Gravures, Portraits, Paysages et Compositions animées de figures de diverses Écoles.

109 — Treize tableaux anciens.

110 — Neuf tableaux des Écoles flamande, italienne et hollandaise.[1]

DESSINS ET GRAVURES

DESRAIS (?)

111 — *Composition à la gloire des XIV années de la République.*

Dessin au lavis d'encre de Chine.

HESSE (ALEXANDRE)

112 — *Groupe de quatre figures.*

Aquarelle du tableau qui se trouve au Musée du Luxembourg. Signée et datée 1845.
Très belle aquarelle avec dédicace.

113 — Une gravure, d'après *E. Russell*. Un fac-similé, d'après *Huet*.

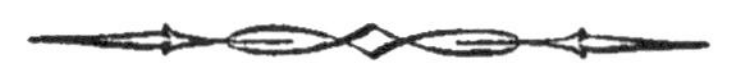